In Celebration Of:

_____

_____

_____

Guests

Name

_____

_____

_____

_____

Message

_____

_____

_____

_____

_____

_____

_____

_____

_____

_____

_____

_____

_____

_____

_____

Guests

Name

_____

_____

_____

_____

Message

_____

_____

_____

_____

_____

_____

_____

_____

_____

_____

_____

_____

_____

_____

Guests

Name

_____

_____

_____

_____

Message

_____

_____

_____

_____

_____

_____

_____

_____

_____

_____

_____

_____

_____

_____

Name

Message

_____

_____

_____

_____

Name

Message

_____

_____

_____

_____

_____

_____

_____

_____

_____

_____

_____

_____

_____

_____

_____

_____

_____

_____

Name

Message

Name

Message

_____

_____

_____

_____

_____

_____

_____

_____

_____

_____

_____

_____

_____

_____

_____

_____

Guests

Name

_____

_____

_____

_____

Message

_____

_____

_____

_____

_____

_____

_____

_____

_____

_____

_____

_____

_____

_____

_____

_____

Guests

Name

Message

_____

_____

_____

_____

Name

Message

_____

_____

_____

_____

_____

_____

_____

_____

_____

_____

_____

_____

_____

_____

_____

_____

_____

_____

Name

Message

Guests

Name

Message

Name

Message

_____

_____

_____
_____
_____
_____

_____

_____
_____
_____
_____

_____

_____
_____
_____
_____

_____

_____
_____
_____
_____

Guests

Name

Message

_____

_____

_____

_____

_____

_____

_____

_____

_____

_____

_____

_____

_____

_____

_____

_____

_____

_____

_____

_____

Name

Message

_____

_____

_____

_____

_____

_____

_____

_____

_____

_____

_____

_____

_____

_____

_____

_____

_____

Guests

Name

_____

_____

_____

_____

Message

_____

_____

_____

_____

_____

_____

_____

_____

_____

_____

_____

_____

_____

_____

Guests

Name

_____

_____

_____

_____

Message

_____

_____

_____

_____

_____

_____

_____

_____

_____

_____

_____

_____

_____

_____

_____

_____

Name

Message

_____

_____

_____

_____

_____

_____

_____

_____

_____

_____

_____

_____

_____

_____

_____

_____

_____

_____

_____

Guests

Name

Message

_____

_____

_____

_____

_____

_____

_____

_____

_____

_____

_____

_____

_____

_____

_____

_____

Name

Message

_____

_____

_____

_____

_____

_____

_____

_____

_____

_____

_____

_____

_____

_____

_____

_____

_____

_____

_____

_____

Guests

Name

Message

_____

_____

_____

_____

_____

_____

_____

_____

_____

_____

_____

_____

_____

_____

_____

_____

_____

_____

Name

Message

_____

_____

_____

_____

Name

Message

_____

_____

_____

_____

_____

_____

_____

_____

_____

_____

_____

_____

_____

_____

_____

_____

_____

_____

_____

Guests

Name

Message

_____

_____

_____

_____

_____

_____

_____

_____

_____

_____

_____

_____

_____

_____

_____

_____

_____

_____

Name

Message

_____

_____

_____

_____

_____

_____

_____

_____

_____

_____

_____

_____

_____

_____

_____

_____

_____

_____

Guests

Name

Message

Guests

Name

_____

_____

_____

_____

Message

_____

_____

_____

_____

_____

_____

_____

_____

_____

_____

_____

_____

_____

_____

Guests

Name

_____

_____

_____

_____

Message

_____

_____

_____

_____

_____

_____

_____

_____

_____

_____

_____

_____

_____

_____

_____

Guests

Name

_____

_____

_____

_____

Message

_____

_____

_____

_____

_____

_____

_____

_____

_____

_____

_____

_____

_____

_____

Name

Message

Guests

Name

_____

_____

_____

_____

Message

_____

_____

_____

_____

_____

_____

_____

_____

_____

_____

_____

_____

_____

_____

_____

Guests

Name

_____

_____

_____

_____

Message

_____

_____

_____

_____

_____

_____

_____

_____

_____

_____

_____

_____

_____

_____

Guests

Name

Message

_____

_____

_____

_____

Guests

Name

Message

_____

_____

_____

_____

_____

_____

_____

_____

_____

_____

_____

_____

_____

_____

_____

_____

_____

Name

Message

_____

_____

_____

_____

Name

Message

_____

_____

_____

_____

_____

_____

_____

_____

_____

_____

_____

_____

_____

_____

_____

_____

_____

_____

Guests

Name

Message

Guests

Name

Message

_____

_____

_____

_____

Name

_____

_____

_____

_____

Message

_____

_____

_____

_____

_____

_____

_____

_____

_____

_____

_____

_____

_____

_____

Guests

Name

Message

Guests

Name

_____

_____

_____

_____

Message

_____

_____

_____

_____

_____

_____

_____

_____

_____

_____

_____

_____

_____

_____

Guests

Name

_____

_____

_____

_____

Message

_____

_____

_____

_____

_____

_____

_____

_____

_____

_____

_____

_____

_____

_____

Name

Message

_____   _____
                                 _____
                                 _____
                                 _____
_____   _____
                                 _____
                                 _____
                                 _____
_____   _____
                                 _____
                                 _____
                                 _____
_____   _____
                                 _____
                                 _____
                                 _____

Name

Message

Name

Message

_____

_____

_____

_____

Name

Message

_____

_____

_____

_____

Guests

Name

Message

Name

Message

_____

_____

_____

_____

_____

_____

_____

_____

_____

_____

_____

_____

_____

_____

_____

_____

_____

_____

Guests

Name

_____

_____

_____

_____

Message

_____
_____
_____
_____
_____
_____
_____
_____
_____
_____
_____
_____
_____
_____
_____

Guests

Name

Message

_____

_____

_____

_____

Guests

Name

Message

Guests

Name

_____

_____

_____

_____

Message

_____

_____

_____

_____

_____

_____

_____

_____

_____

_____

_____

_____

_____

_____

_____

Guests

Name

_____

_____

_____

_____

Message

_____
_____
_____
_____
_____
_____
_____
_____
_____
_____
_____
_____
_____
_____
_____

Guests

Name

Message

_____

_____

_____

_____

_____

_____

_____

_____

_____

_____

_____

_____

_____

_____

_____

_____

_____

_____

Guests

Name

Message

_____
_____

_____

_____

_____

Name

Message

Name

Message

_____

_____

_____

_____

_____

_____

_____

_____

_____

_____

_____

_____

_____

_____

_____

_____

_____

Name

Message

_____

_____

_____

_____

Name

Message

_____

_____

_____

_____

Name

Message

_____   _____
                                            _____
                                            _____
                                            _____

_____   _____
                                            _____
                                            _____
                                            _____

_____   _____
                                            _____
                                            _____
                                            _____

_____   _____
                                            _____
                                            _____

Name

Message

_____   _____
                                 _____
                                 _____
                                 _____
_____   _____
                                 _____
                                 _____
_____   _____
                                 _____
                                 _____
                                 _____
_____   _____
                                 _____
                                 _____
                                 _____

Name

Message

_____

_____

_____

_____

_____

_____

_____

_____

_____

_____

_____

_____

_____

_____

Name

Message

_____   _____

_____

_____

_____

_____   _____

_____

_____

_____   _____

_____

_____

_____

_____   _____

_____

_____

_____

Guests

Name

Message

_____

_____

_____

_____

_____
_____
_____
_____
_____
_____
_____
_____
_____
_____
_____
_____
_____
_____
_____

Name

Message

Guests

Name

_____

_____

_____

_____

Message

_____

_____

_____

_____

_____

_____

_____

_____

_____

_____

_____

_____

_____

_____

Name

Message

_____

_____

_____

_____

_____

_____

_____

_____

_____

_____

_____

_____

_____

_____

_____

_____

_____

_____

_____

Name

Message

_____

_____

_____

_____

Name

Message

_____

_____

_____

_____

_____

_____

_____

_____

_____

_____

_____

_____

_____

_____

_____

_____

_____

_____

_____

Name

Message

_____
_____

_____

_____

_____

Name

Message

Guests

Name

_____

_____

_____

_____

Message

_____

_____

_____

_____

_____

_____

_____

_____

_____

_____

_____

_____

_____

_____

_____

_____

Name

Message

_____

_____

_____

_____

Guests

Name

_____

_____

_____

_____

Message

_____
_____
_____
_____
_____
_____
_____
_____
_____
_____
_____
_____
_____
_____
_____

Name

Message

_____

_____

_____

_____

_____

_____

_____

_____

_____

_____

_____

_____

_____

_____

_____

_____

_____

Guests

Name

Message

_____

_____

_____

_____

Guests

Name

Message

_____

_____

_____

_____

_____

_____

_____

_____

_____

_____

_____

_____

_____

_____

_____

_____

_____

Guests

Name

Message

_____

_____

_____

_____

Guests

Name

Message

_____

_____

_____

_____

_____

_____

_____

_____

_____

_____

_____

_____

_____

_____

_____

_____

_____

Guests

Name

_____

_____

_____

_____

Message

_____

_____

_____

_____

_____

_____

_____

_____

_____

_____

_____

_____

_____

_____

Name

Message

_____

_____

_____

_____

_____

_____

_____

_____

_____

_____

_____

_____

_____

Guests

Name

_____

_____

_____

_____

Message

_____
_____
_____
_____
_____
_____
_____
_____
_____
_____
_____
_____
_____
_____
_____

Guests

Name

_____

_____

_____

_____

Message

_____

_____

_____

_____

_____

_____

_____

_____

_____

_____

_____

_____

_____

_____

Name

Message

_____

_____

_____

_____

Name

Message

_____

_____

_____

_____

_____

_____

_____

_____

_____

_____

_____

_____

_____

_____

_____

_____

Guests

Name

Message

Name

Message

_____

_____

_____

_____

Guests

Name

Message

_____

_____

_____

_____

_____

_____

_____

_____

_____

_____

_____

_____

_____

_____

_____

_____

_____

_____

Name

Message

_____   _____

_____
_____

_____   _____

_____
_____

_____   _____

_____
_____

_____   _____

_____
_____

Guests

Name

_____

_____

_____

_____

Message

_____

_____

_____

_____

_____

_____

_____

_____

_____

_____

_____

_____

Name

Message

Guests

Name

Message

_____

_____

_____

_____

_____

_____

_____

_____

_____

_____

_____

_____

_____

_____

_____

_____

_____

_____

Guests

Name

_____

_____

_____

_____

Message

_____
_____
_____
_____
_____
_____
_____
_____
_____
_____
_____
_____
_____
_____
_____
_____

Name

Message

_____

_____

_____

_____

_____

_____

_____

_____

_____

_____

_____

_____

_____

_____

_____

_____

_____

Name

Message

_____

_____

_____

_____

_____

_____

_____

_____

_____

_____

_____

_____

_____

_____

_____

_____

Name

Message

_____

_____

_____

_____

Name

_____

_____

_____

_____

Message

_____
_____
_____
_____
_____
_____
_____
_____
_____
_____
_____
_____
_____
_____

Name

Message

_____

_____

_____

_____

Name

Message

_____

_____

_____

_____

_____

_____

_____

_____

_____

_____

_____

_____

_____

_____

_____

_____

_____

Made in the USA
Columbia, SC
17 November 2022